LES BLARU

ORFÈVRES ET GRAVEURS PARISIENS

PAR

F. MAZEROLLE

MEMBRE CORRESPONDANT DE LA COMMISSION DES ANTIQUITÉS

DE LA CÔTE-D'OR, A PARIS

PARIS

TYPOGRAPHIE DE E. PLON, NOURRIT ET Cie

RUE GARANCIÈRE, 8

—

1895

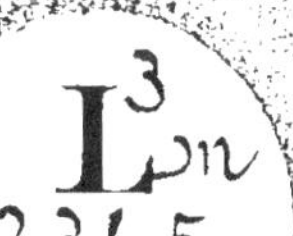

LES BLARU

Ce mémoire a été lu à la réunion des Sociétés des Beaux-Arts des départements, à l'École des Beaux-Arts, dans la séance du 17 avril 1895.

LES BLARU

ORFÈVRES ET GRAVEURS PARISIENS

PAR

F. MAZEROLLE

MEMBRE CORRESPONDANT DE LA COMMISSION DES ANTIQUITÉS

DE LA CÔTE-D'OR, A PARIS

PARIS

TYPOGRAPHIE DE E. PLON, NOURRIT ET Cie

RUE GARANCIÈRE, 8

—

1895

LES BLARU

ORFÈVRES ET GRAVEURS PARISIENS

Les deux documents que nous donnons ci-après concernent la famille des orfèvres et graveurs parisiens, les Blaru. Les renseignements sur cette famille d'artistes sont peu nombreux. Il n'y a guère que Jal qui en ait parlé dans son *Dictionnaire critique*. A. Barre a cité le nom de Pierre Blaru dans un travail paru en 1867 [1]. On peut mentionner aussi un travail de M. J. Rouyer, *Le testament de Pierre de Blaru, Parisien, auteur de la Nancéide* (Mémoires de la Société d'Archéologie lorraine, 1888) [2]; l'auteur croit que ce Pierre de Blaru, qui mourut au commencement du seizième siècle, était un des membres de la famille des Blaru, orfèvres parisiens. La chose est possible, mais pas encore prouvée. J'en dirai de même pour le Jean de Blaru, orfèvre parisien (1460-1461), que M. Longnon a cité dans son *Étude biographique sur François Villon* (Paris, 1877).

Le premier des deux documents que nous publions, le contrat de mariage de Jean Blaru, orfèvre à Paris, et de Marie Richard, nous donne des renseignements intéressants sur la famille des Blaru. Il nous fait d'abord connaître le nom de Jean Blaru, comme orfèvre parisien; son père, Balthazard Blaru, maître orfèvre, avait épousé Catherine Feucher; son oncle, Pierre Blaru, graveur ordi-

---

[1] *Graveurs généraux et particuliers des monnaies de France*, etc. (*Annuaire de la Société française de Numismatique et d'Archéologie*, 1867), p. 156. — Voir aussi J.-A. BLANCHET, *Jetons du dix-septième siècle aux types des monnaies de Chio* (*Revue numismatique*, 1892, p. 161 à 167).

[2] M. J. Rouyer a relevé dans cet article les divers travaux publiés sur Pierre de Blaru. Voir aussi A. COLLIGNON, *De Nanceide Petri de Blaru, rivo parisiensis*. Nancy, 1892.

naire du Cabinet du Roi, qui devint tailleur de la Monnaie de Paris, avait comme femme Claude Richard, sœur de Marie Richard ; cette dernière était fille de Louis Richard, bourgeois de Paris, et d'Anne Tartarin.

De nombreux cousins sont cités dans ce contrat, du côté de Jean Blaru : Jean de Laon et Nicolas Balvet, maîtres orfèvres à Paris ; Jean et Jacques Veret, marchands orfèvres ; Pierre Perlan et Antoine Sellier, maîtres orfèvres ; Jean Marlot, maître chapelier ; Jean de Paris, maître plumassier, cousin par Geneviève Balvet, sa femme, et Guillaume Berthelot, sculpteur de la Reine Mère, cousin par Geneviève Veret, sa femme.

Trois membres de la famille des graveurs parisiens les Dovilliers assistaient au contrat, à titre d'amis : du côté de Jean Blaru, Mathias Dovilliers, maître graveur ; du côté de Marie Richard, Paul Dovilliers, l'aîné, maître orfèvre et graveur, et Paul Dovilliers, le jeune, graveur ordinaire du duc d'Angoulême.

Jal n'a pas mentionné le nom de notre Jean Blaru dans son *Dictionnaire critique*. Nous ne voyons cités, avant Pierre Blaru, qu'un Jean Blaru orfèvre (1547) ; Antoine Blaru (seizième siècle. —\ 1605), dont un fils, qui portait le même prénom que lui, eut comme parrain Balthazard Blaru, orfèvre, le père de notre Jean Blaru ; Jacques Blaru, qui épousa Jacqueline Robineau, demeurait faubourg Saint-Germain (1576) ; il avait eu un fils du nom de Pierre, qui ne semble pas être le même que le tailleur de la Monnaie de Paris dont il va être question. Jal cite encore un Blaru qui aurait été orfèvre à Bordeaux.

Le second document qui fait l'objet de ce travail nous donne des renseignements précis sur la famille directe de Pierre Blaru, tailleur de la Monnaie de Paris.

Jal cite sept enfants, nés de Pierre Blaru et de Claude Richard :

1° François Blaru (baptisé à Saint-Jacques-la-Boucherie le 29 septembre 1620), qui épousa Nicole du Test et mourut en janvier 1658. Il avait eu deux fils, Jean et François : l'un de ceux-ci avait eu un fils, Pierre-Léonard. Nicole du Test mourut en 1714, à l'âge de quatre-vingt-quatre ans, et fut enterrée à Saint-Paul ;

2° Pierre I, baptisé le 12 juillet 1626 (?) ;

3° Pierre II, baptisé le 25 août 1631 ;

4° Pierre III, baptisé le 6 mars 1633 ; il eut comme parrain Jean Darmand, dit Lorfelin ;

5° Jean-Baptiste, baptisé le 12 novembre 1634 ; il était né rue de la Pelleterie ; il eut comme parrain Jean Blaru, orfèvre, demeurant rue de la Savonnerie (son cousin, ainsi que le prouve le document n° 1), et comme marraine, Catherine Cours, femme de Mathias Bouclier, maître graveur à Paris ;

6° Louise, née le 8 avril 1636 ;

7° Claude II, né le 7 avril 1637 ; il eut comme parrain Claude Mellan, peintre et graveur du Roi.

Le compte rendu par Claude Richard à ses enfants ne mentionne parmi les sept enfants dont Jal a cité les extraits baptistaires que François et Claude II Blaru ; mais en plus nous voyons que Claude Richard avait eu, trois ou probablement quatre autres enfants :

1° Marie, épouse de Claude Mignot, marchand, bourgeois de Paris ;

2° Jean (est-ce le même enfant que le Jean-Baptiste cité par Jal ?) ;

3° Claude I, né en 1626 ;

4° Marguerite. Ces trois derniers enfants étaient mineurs à la mort de leur père.

Jal dit que Pierre Blaru avait épousé Claude Richard vers 1619. Le document fixe la date précise du mariage, le 27 décembre 1617. Pierre Blaru mourut le 28 janvier 1647. De tous ses enfants, François était seul majeur au moment du décés de son père. Marie Blaru avait été auparavant mariée à Claude Mignot.

Le document donne le détail de tout ce qui se passa après la mort de Pierre Blaru. Sa veuve fit faire l'inventaire de ses « biens meubles, ustancilles d'hostel, or, argent monnoyé, non monnoyé, lettres, tiltres, papiers et autres choses » le 12 avril 1647 et jours suivants ; l'inventaire fut clos le 27 avril 1647. Elle fit pourvoir son fils François Blaru de l'office de tailleur de la Monnaie de Paris, le 22 ou le 28 janvier 1648 ; il n'avait été nommé que pour conserver cet office « tant à ladicte veufve, sa mère, que à luy et à ses aultres frères et sœurs » ; il ne devait avoir que sa part, comme ses frères et sœurs.

L'estimation des biens du défunt était montée à 1,183 livres

9 sols 3 deniers ; on avait trouvé en outre 900 livres en espèces en faisant l'inventaire.

Le compte rendu par Claude Richard de la gestion de l'héritage laissé par son mari, énumère un certain nombre de « tiltres » et « papiers » intéressants. D'abord le contrat de mariage du défunt ; l'acte de vente faite par Jacques Cottard, marchand orfèvre à Paris et tailleur héréditaire de la Monnaie de Paris, à Pierre Blaru, de cet office ; les lettres de provision de l'office en faveur du nouveau titulaire et l'arrêt de réception de la Cour des Monnaies. Nous trouvons aussi mentionnés un contrat de constitution de 50 livres de rente au profit de Marie Beaucousin [1], veuve de Jean François, bourgeois de Paris ; les lettres de provision de François Blaru ; les mémoires pour les frais d'enterrement de Pierre Blaru, dont l'un nous fait connaître que le défunt fut enterré au cimetière des Innocents ; un mémoire pour les frais de réception de François et Claude I Blaru, comme maîtres graveurs à Paris ; une obligation de 200 livres envers Paul Dovilliers, maître graveur à Paris, un de leurs cousins, etc.

Claude I Blaru paraît avoir eu de nombreux besoins de dépenses ; il est porté dans le document comme débiteur de plusieurs sommes envers sa mère ; il avait même pris dans son coffre 82 livres 8 sols.

Le document nous permet de rectifier une inexactitude du travail de Barre, qui donne comme dates extrêmes d'exercice de Pierre Blaru à la Monnaie de Paris, 1637 à 1656. Nous apprenons par le document qu'il mourut le 28 janvier 1647 et que son fils François Blaru lui succéda. Barre ne cite pas le nom du fils dans la liste qu'il a donnée des graveurs particuliers de la Monnaie de Paris.

---

[1] Marie Beaucousin doit être de la famille des tailleurs particuliers de la Monnaie de Paris, Jean I Beaucousin (1550-1579) et Jean II Beaucousin (1579-1626). Cf. A. BARRE, *loc. cit.*

PIÈCES JUSTIFICATIVES

I

27 décembre 1634

*Contrat de mariage de Jean Blaru, mᵉ orfèvre à Paris,
et de Marie Richard [1].*

Furent presens honnorables personnes Jehan Blaru, marchand orfebvre
à Paris, y demeurant rue de la Savonnerye, parroisse Sainct-Jacques-de-
la-Boucherie, filz de feu honnorable homme Balthazard Blaru, vivant,
aussy marchand, mᵉ orfebvre, bourgeois de Paris, et de Catherine Feucher, sa femme, à présent sa vefve, assisté de ladite Catherine Feucher,
sa mère, à ce présente; ledict Jehan Blaru pour luy et en son nom,
d'une part,

Et Marie Richard, fille de feu honorable homme Louis Richard, vivant,
marchand, bourgeois de Paris, et de Anne Tartarin, sa femme, à présent
sa vefve, demeurante en ceste dicte ville de Paris, rue de la Pelletric, et
la maison où est pour enseigne la Croix Blanche, aussy pour elle et en
son nom, assistée de ladicte Anne Tartarin, sa mère, pareillement à ce
présente, d'autre part.

Lesquelz Jehan Blaru et Marie Richard, pour raison du mariage
d'entre eulx, ont volontairement recongneu et confessé, assistez comme
dessus et encores en la présence, de l'advis et conseil de leurs autres
parens et amys, cy-après nommez, assavoir, de la part dudict Jehan
Blaru, de honorable homme Pierre Blaru, graveur ordinaire du Cabinet
du Roy, oncle paternel; Jehan de Laon, mᵉ orfebvre à Paris; Nicolas
Balvet, aussi mᵉ orfebvre; Jehan Veret, marchand orfebvre; Jacques
Veret, aussy marchand orfebvre; Pierre Perlan; Anthoine Sellier, aussy
mᵉˢ orfebvres; Jehan Marlot, mᵉ chappelier, tous cousins; Jehan de Paris,
mᵉ plumassier à Paris, aussy cousin, à cause de Geneviève Balvet, sa

[1] Ce document et le suivant sont extraits d'un minutier parisien, que l'on a eu
la grande amabilité de nous laisser consulter.

femme; Guillaume Berthelot, sculpteur de la Royne Mère, cousin à cause de Geneviève Veret, sa femme; Mathias Dauvilliers, m° graveur à Paris, amy, tous dudict Jehan Blaru, futur espoux,

Et de la part de ladicte Marie Richard, future espouze, dudict Pierre Blaru, son beau-frère, à cause de [Claude] Richard, sa femme; honorable homme Nicolas Ledoyen, m° escrivain à Paris, oncle maternel; Dominique Bidault, m° thailleur d'habictz, cousin, à cause de Margueritte Ledoyen, sa femme; M° Gabriel Vincent, procureur en la Cour de Parlement; Paul Dauvilliers, l'aisné, m° orfebvre et graveur à Paris, et Paul Dauvillier, le jeune, graveur ordinaire de Monsieur le duc d'Angoulesme, amis, tous de ladicte future espouze.

Avoir faict, feisrent et font entre eulx et de bonne foy les traicté de mariage, dons, douaire, promesses et conventions qui ensuivent.

C'est assavoir, que lesdicts Jehan Blaru et Marie Richard, assistez comme dessus, ont promis et promectent se prendre l'un d'eulx l'autre par nom et loy de mariage et icelluy faire solempniser en face de Nostre Mère Saincte Esglise, sy Dieu et elle s'y consentent et accordent, dedans le plus brief temps que commodément faire ce pourra et sera advisé et délibéré entre eulx, leursdictz parens et amys; aux biens et droictz à chacun desdicts futurs espoux appartenans, qu'ilz seront tenus mettre et apporter l'un avec l'autre, pour estre comme ils seront, ungs et commungs en tous biens meubles et conquestz immeubles, suivant la coustume de Paris. Et néantmoings, ne seront tenus aux debtes l'un de l'autre, faictes et créées auparavant leur futur mariage, ains sy aucuns y a, elles seront payées par celluy de qui elles procedderont et sur ses biens, sans que l'autre ny ses biens en soient aucunement tenus. Lesquelz biens et droictz appartenans de présent à ladicte future espouze, concistent en la somme de quinze cens livres tournois, à elle appartenans, sçavoir: douze cens livres en deniers comptans et les autres trois cens livres en meubles, habitz, linge, bagues et joyaulx; le tout, que ladicte future espouze promect apporter audict futur espoux la veille de leurs espouzailles. De laquelle somme de quinze cens livres, en demeurera propre à ladicte future espouze et aux enffans qui naistront dudict mariage, la somme de cinq cens livres tournois et le surplus entrera en ladicte future communaulté; comme aussy ladicte Catherine Feucher, mère dudict futur espoux, promect bailler et donner à sondict filz, en faveur dudict futur mariage, la somme de douze cens livres tournois en deniers comptans et advancement d'hoirie à sa succession future, et ce, la veille desdictes espouzailles. Ledict futur espoux a doué et doue ladicte future espouze du douaire coustumier ou de six cens livres tournois de douaire prefix, une fois payé à icelluy douaire, soit prefix ou coustumier, au choix de ladicte future espouze et tel que opté sera, avoir et prendre par elle sytost qu'il aura lieu, generallement sur tous et chacuns les biens meubles et immeubles dudict futur espoux; pour en jouir par icelle future espouze suivant la coustume, le survivant desdicts futurs espoux aura et prendra par préciput et avant partage des biens meubles de leur future communaulté réciproquement, jusques à la somme de trois cens livres tournois, suivant la prisée de l'inventaire qui en sera faict et sans crue, ou ladicte somme en deniers, au choix dudict survivant; sera loysible à ladicte future espouze survivant ledict futur espoux, de prendre et accepter la communaulté ou y renoncer, et en cas de renonciation, reprendre tout ce qu'elle aura apporté audict futur espoux, sesdits douaire et préciput, telz que dessus, et ce qui luy sera advenu et escheu par succession, donnation ou aultrement. Le tout franchement et quittement, sans estre tenu d'aucunes debtes de ladicte communaulté, encores qu'elle y feust obligée ou condampnée, dont les héritiers dudict futur espoux seront tenus de l'acquicter et indempniser, advenant le prédécèdz de ladicte future espouze, sans enffans lors vivant. Il sera loisible et permit audict futur espoux d'admectre les héritiers d'icelle future espouze en ladicte communaulté ou de les en exclure, et en cas d'exclusion, leur payera pour tous droictz qu'ils pourroient prétendre en ladicte communaulté, la somme de sept cens cinquante livres tournois. Advenant aussy le prédécèdz dudict futur espoux, sans enffans, lors vivant, dudict mariage, ladicte future espouze jouira sa vie durant de tous les biens meubles et immeubles generallement quelzconcques dudict futur espoux, qui luy appartiendront au jour de son décèdz, à la caultion juratoire de ladicte future espouze, pourvu qu'elle ne se remarie; et en cas qu'elle se remarie, sera tenue, ladicte future espouze, bailler caultion, pour iceux biens retourner, après le décèdz d'icelle future espouze, aux héritiers dudict futur espoux. De laquelle jouissance desdictz biens dudict futur espoux, la vie durant de ladicte future espouze, comme dict est, aux charges et conditions cy-dessus, ledict futur espoux faict don à ladicte future espouze en faveur dudict mariage.

Et pour, sy besoing est, faire insinuer les présentes, partout où il appartiendra, dans le temps de l'ordonnance, iceux futurs espoux ont faict et constitué leur procureur irrévocable le porteur d'icelles présentes, auquel ils donnent pouvoir de ce faire et en requérir et retirer acte.

Car ainsy a esté accorddé entre lesdictes parties, promettans, obligeans, chacun en droit soy, renonçeans d'une part et d'autre, etc.

Faict et passé à Paris, en la maison où est demeurante ladicte future espouze, cy-devant déclarée, l'an mil six cens trente-quatre, le vingt-sep-

tiesme jour de décembre, après midy. Et a, ladicte Anne Tartarin, mère
de ladicte future espouze, déclaré ne savoir escripre ne signer et les
autres parties et assistance ont signé.

Signé : Catherine Feucher, Pierre Blaru, Jean Blaru, Jehan de Laon,
Marie Richard, N. Balvet, J. Veret, J. de Paris, Jacques Veret,
P. Perlan, G. Berthelot, Vincent, Anthoine Selliers, Ledoyen, Ma-
thias Dovilliers, Paul Dovilliers, Bidault, Paul Dovilliers, Marlot,
Levasseur, Girault.

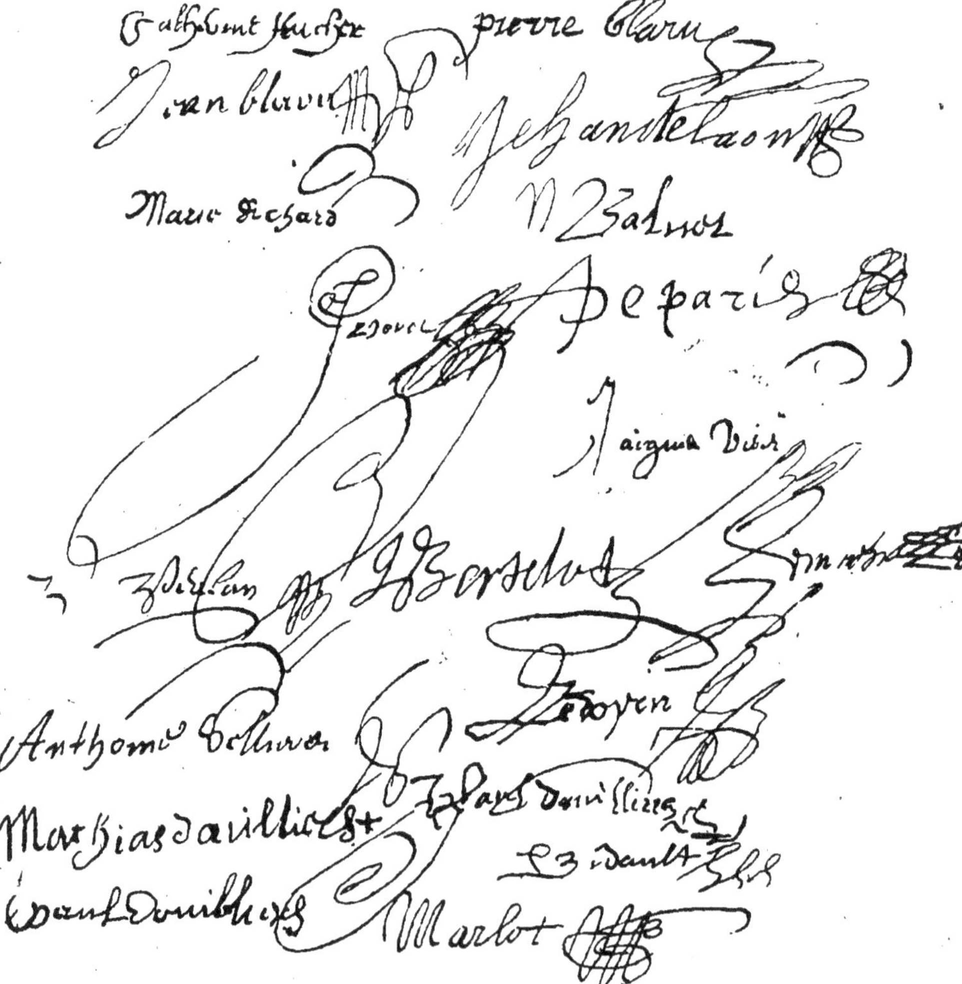

(*A la suite.*) Ledict Jehan Blaru, futur espoux, desnommé en son contract de mariage cy-devant escript, confesse en la présence de ladicte
Catherine Feucher, sa mère, aussy y nommée, avoir eu et receu de ladicte

Marie Richard, à présent sa femme en Saincte Eglise, à ce présente, de luy auctorisée, en tant que faire le peult, la somme de quinze cens livres, savoir : douze cens livres tournois en deniers comptans, qu'elle luy a baillez, payez, comptez et délivrez, présens les notaires subzsignez, en pistolles d'or, coing d'Espagne, pièces de seize solz et autre monnoye, le tout bon, et trois cens livres tournois en meubles, habictz, bagues et joyaulx. Le tout que ladicte future espouze avoict promis apporter audict futur espoux, en faveur et par leurdict contract de mariage, cy-devant escript; de laquelle somme de quinze cens livres tournois, ès choses cy-dessus, ledict Jehan Blaru, futur espoux, s'est tenu et tient content et en a quitté et quitte ladicte Marie Richard, sa fiancée et tous autres.

Comme aussy icelluy futur espoux confesse que sadicte mère luy a baillé et d'elle confesse avoir receu la somme de douze cens livres tournois en deniers comptans, qu'elle avoict promis aussy luy donner en faveur et par sondict contract de mariage cy-devant escript. De laquelle somme ledict futur espoux se tient pareillement content et en quitte sadicte mère et tous autres, promettant, obligeant et renonceant, etc.

Faict et passé à Paris, en la maison dudict Pierre Blaru, graveur ordinaire du Cabinet du Roy, oncle dudict futur espoux et beau-frère de ladicte future espouze, size rue de la Pelleterie, parroisse Sainct-Jacques-de-la-Boucherie, l'an mil six cens trente-cinq, le quinzeiesme jour de janvier après midy. Et ont signé.

Signé : Catherine FEUCHER, Jean BLARU, Marie RICHARD, LEVASSEUR, GIRAULT.

(*A la suite.*) Aujourd'huy sont comparus par devant les notaires gardenottes du Roy nostre sire, en son Chastelet de Paris, soubzsignés, lesdicts Jehan Blaru et Marie Richard, sa femme, de luy auctorizée, pour l'effect qui ensuict, desnommez en leur contract de mariage, cy-devant escript, lesquels ont dict et déclaré que par leurdict contract de mariage ils avoient accorddé quelques clauses subjectes à insinuation, selon qu'il est porté par ledict contract. Et parce qu'ilz ont obmis à faire insinuer ledict contract de mariage dans le temps de l'ordonnance, désirans y pourveoir, ont, iceulx mariez, en tant que besoing est ou seroit, confirmé et confirment les clauses et conventions subjectes à insinuation, contenues par ledict contract et de rechef consenty et accordé par ces présentes leurdict contract de mariage et le présent acte estre insinuez au greffe des Insinuations dudict Chastelet de Paris et partout ailleurs où il appartiendra, suivant l'ordonnance. Et pour ce faire et consentir estre faict, ont faict et constitué leur procureur irrévocable l'un d'eulx l'autre ou le porteur des présentes, auquel ilz donnent pouvoir de ce faire et tout ce qu'au cas appartiendra et en requérir et retirer acte; dont et de ce que dessus, lesdictz mariez ont requis acte ausdicts notaires, qui leur ont octroyé le présent, pour leur servir et valloir en temps et lieu ce que de raison.

Ce fut fait et passé à Paris, ès estudes desdicts notaires soubzignes, l'an mil six cens trente-cinq, le deuxiesme jour de septembre, après midy. Et ont signé.

Signé : Jean Blaru, Marie Richard,
Levasseur, Girault.

(Les signatures de Catherine Feucher, de Marie Richard, de Nicolas Balvet, et les parafes des autres signataires du contrat, se trouvent en bas de la première et de la troisième page, au-dessous de mots ajoutés.)

II

25 novembre 1651.

Compte rendu par Claude Richard, veuve de Pierre Blaru, tailleur particulier de la Monnaie de Paris et graveur du Cabinet du Roi, de la gestion des biens du défunt.

Compte que rend Claude Richard, veufve de feu honnorable homme Pierre Blaru, vivant, tailleur particulier de la Monnoye de Paris, graveur du Cabinet du Roy, tutrice des enfans dudit deffunct et d'elle.

A François Blaru, Claude Blaru, l'aisné, majeurs de plus de vingt-cinq ans, et à honnorable homme Claude Mignot, marchant, bourgeois de Paris, et Marie Blaru, sa femme, accause d'elle et qu'il aucthorize pour l'effect des présentes; lesdits François Blaru, Claude Blaru, l'aisné, et Marie Blaru, femme dudit Mignot, trois desdits enfans dudit deffunct Pierre Blaru et de ladite Claude Richard, à présent sa veufve, héritiers chacun pour son sixiesme dudit deffunct, leur père, de l'administration que ladite veufve a jusques à présent, eu des biens desdits François, Claude Blaru, l'aisné, et Marie Blaru, femme dudit Mignot, trois desdits enfans.

Pour l'intelligence du présent compte, est asavoir que ledit deffunct Pierre Blaru et sa veufve, auroient esté conjoinctz par mariage au mois de décembre mil six cens dix-sept, qui auroit duré jusques au vingt-huictiesme jour de janvier mil six cens quarante-sept, que ledit deffunct seroit décéddé, dellaissans ladite Claude Richard, sa veufve, avec lesdits François Blaru, dès lors majeur, et ledit Claude Blaru, l'aisné, ladite Marie Blaru, femme dudit Mignot, Jean Blaru, Claude Blaru, le jeune, et Margueritte Blaru, enfans de luy et de sadite veufve, desquelz Claude Blaru, l'aisné, Jean Blaru, Claude Blaru, le jeune, et Margueritte Blaru, ladite veufve, leur mère, auroit esté esleue tutrice et ledict François Blaru, filz aisné dudict deffunct et d'elle, leur subrogé tuteur, ainsy qu'il appert par acte du Chastelet de Paris estant au greffe de Hubert, commis au Greffe civil dudict Chastelet, du neufiesme febvrier MVIᶜ quarante-sept; avant lequel décèdz dudict deffunct Blaru, ladicte Marie Blaru auroit esté pourveue par mariage avec ledict Mignot, à présent son mary, et luy auroient, lesdicts feu Blaru et sa femme, à présent sa veufve, baillé, en faveur dudict mariage, la somme de trois mil livres, selon que le contient le contract dudict mariage et quittance estant en fin d'icelluy, passé par devant Paisant et Girault, notaires audict Chastelet les..... Et le douziesme jour d'avril et autres jours suivans, mil six cens quarente-trois (lisez : sept), auroit esté faict inventaire des biens meubles, ustancilles d'hostel, or, argent monnoyé, non monnoyé, lettres, tiltres, papiers et autres choses demeurées après le décèdz dudict deffunct Pierre Blaru, qui estoient commungs entre luy et sadicte veufve, à la requeste d'icelle veufve, tant en son nom, pour seureté de ses conventions et autres droictz que audict nom de tutrice et encores à la requeste dudict François Blaru, aisné desdicts enfans, tant en son nom que audict nom de subrogé tuteur de sesdicts autres frères et sœur cy-dessus nommez, par Belin et ledict Girault, notaires audict Chastelet, qui auroit esté clos le mardy vingt-sept desdicts mois d'avril et an mil six cens quarente-neuf (*sic*), ainsy qu'il appert par acte estant sur ledict inventaire, signé : COUDRAY.

Laquelle veufve, rendante, n'auroit faict vendre lesdicts biens, meubles, ustancilles d'hostel et autres choses inventoriées audict inventaire, ains les auroit retenus pour l'usage et commodité d'elle et de sesdicts enfans, et auroit, icelle veufve, faict assembler les parens et amis de sesdicts enfans, par devant Monsieur le lieutenant civil audict Chastelet, par l'advis desquelz auroit esté dict, par sentence du dixiesme juillet mil six cens quarente-sept, que ladicte veufve, tant en son nom que comme tutrice de ses enfans mineurs, pouroit conjoinctement avec ses enfans majeurs passer procurations *ad resinandum* dudict office de tailleur particulier de la Monnoye de Paris, dont estoit pourveu ledict deffunct, son mary, et ce, en faveur dudict François Blaru; pour ce faire, pourvoir et recevoir en icelluy, à la charge que ladicte veufve jouiroit des gaiges et droictz y attribuez, sans que ledict François Blaru y peust prétendre aultre droict que sa portion héréditaire, ainsy qu'il est plus à plain porté par lesdictes sentences; en suitte de laquelle, ladicte veufve, tant en son nom que audict nom de tuteur desdicts enfans mineurs, se seroit desmis ducdit office én faveur dudict François Blaru, filz aisné dudict deffunct et d'elle, par acte passé par devant lesdicts Belin et Girault, notaires audict Chastelet, le neuf juillet mil six cens quarente-sept, et le mesme jour par acte passé par devant lesdicts notaires, ledict François Blaru auroit recogneu, combien que ladicte veufve, sa mère, ayt passé ladicte rémission en sa faveur et qu'il soit pourveu dudict office et receu en icelluy, néantmoins, que ce n'est que pour conserver icelluy tant à ladicte veufve, sa mère, que à luy et à ses aultres frères et sœurs, et promis laisser jouir sadicte mère de tous les gaiges et droictz attribuez audict office, auxquelz il ne prétend que sa part et portion, comme l'un de sesdicts frères et sœurs, ainsy qu'il est plus au long porté par ledict acte, en suitte de quoy, icelle veufve auroit faict pourvoir ledict François Blaru, l'un des . . . . . dudict office de tailleur particulier de ladicte Monnoye de Paris, par lettres de provision du vingt-huictiesme jour de janvier mil six cens quarente-huict, signé sur le reply : Bernage, et scellée du grand sceau ; pour quoy faire, elle auroit payé, soubz le nom dudict François Blaru, ce qu'il auroit convenu, tant pour les frais de sa nommination, marc d'or que desdictes lettres de provision.

Comme aussy ladicte veufve auroit payé les obsecques et funérailles dudict deffunct et plusieurs debtes passives, qui estoient deubz par la communauté dudict deffunct et d'elle, et au moyen de tout ce que dict est, ladicte veufve, rendante, faict recepte et despence commune ausdictz François, Claude Blaru, l'aisné, Mignot et Marie Blaru, sa femme, en ce qui les concerne en commung et particulier, pour ce qui leur revient à chacun et est par luy deub, en particulier et en la forme et manière qui ensuict.

RECEPTE.

Premièrement, faict, ladicte rendante, recepte de la somme de deux cens quarente-cinq livres dix-sept solz trois deniers, faisant le quart appartenant ausdicts François, Claude Blaru, l'aisné, Mignot et Marie Blaru, sa femme, oyans, de ladite somme de neuf cens quatre-vingtz-trois livres neuf solz trois deniers, qui faict partye de la somme de unze cens] quatrevingtz-trois livres neuf solz trois deniers, à quoy monte la prisée des biens, meubles, ustancilles de mesnage et vaiselle d'argent inventoriez audict inventaire faict après le décèdz dudict deffunct Pierre Blaru, cydessus datté, mentionné et représenté ; un aultre quart en ladicte somme de neuf cens quatre-vingtz-trois livres neuf solz trois deniers, appartenant ausdicts Jean Blaru, Claude Blaru, le jeune, et Margueritte Blaru, mineurs et l'aultre moictyé d'icelle somme de neuf cens quatre-vingtztrois livres neuf solz trois deniers, elle appartient à ladicte veufve, comme commune en biens avec ledict deffunct. Et à l'esgard du surplus de ladicte somme de neuf cens quatre-vingtz-trois livres neuf solz trois deniers, à quoy revient la prisée desdicts biens meubles, montant, ledict surplus, à la somme de deux cens livres, ladicte rendante n'en fera aucune recepte, au moyen de ce qu'elle a retenu des meubles contenus audict inventaire, jusques à la valleur de ladicte somme de deux cens livres, pour le préciput à elle accordé par ledict contract de mariage d'entre ledict deffunct et d'elle. Cy. . IIᶜXLV livres XVII sols III deniers.

Item, faict, ladicte rendante, recepte de la somme de soixante-une livres cinq solz, à quoy monte la creue d'icelle somme de deux cens quarante-cinq livres dix-sept solz trois deniers, à raison de cinq solz pour livres. Cy. LXI livres V sols.

De la somme de deux cens vingt-cinq livres parfaisant le quart appartenant ausdicts François, Claude Blaru, l'aisné, Mignot et Marie Blaru, sa femme, de la somme de neuf cens livres de deniers contens, trouvez faisant ledict inventaire, contenus par le cinquante-quatriesme article d'icelluy, les aultres sixiesmes en ladicte moictyé appartenans ausdicts Jean, Claude Blaru, le jeune, et Margueritte Blaru, leurs frères et sœur mineurs, et l'aultre moictyé de ladicte somme de neuf cens livres appartenant à ladicte veufve, rendante, comme commune. Partant, cy.   IIᶜ XXV livres.

Régist en recepte la coppie inventoriée audict inventaire, soubz la cotte *un*, du contract de mariage d'entre ledict deffunt et ladicte veufve, passé par devant Paisant et de Montroussel, notaires audict Chastelet, le vingt-septiesme décembre mil six cens dix-sept, ains en despence pour les douaire et préciput cy-dessus declarez, accordez à ladicte veufve par icelluy. Partant, cy pour. . . . . Mémoire.

Régist pareillement en recepte ny despence, le contract de vente faicte par le sieur Jacques Cottard, marchant orfebvre à Paris et tailleur particulier héréditaire de la Monnoye du Roy à Paris, et aultres y nommées, audict feu Blaru, dudict office de tailleur particulier héréditaire de ladicte Monnoye; ny aussy les quatre quittances estant en fin d'icelluy, le tout inventorié audict inventaire, soubz la cotte *deux*, d'aultant que le payement du prix dudict office a esté faict du vivant dudict feu Blaru. Partant, cy pour. . . . . Mémoire.

Régist aussy en recepte ny despence, les lettres de provision dudict office de tailleur particulier de la Monnoye à Paris, expédiées en faveur dudict deffunct Blaru, ny les aultres pièces inventoriées audict inventaire, soubz la cotte *trois*. Partant, cy pour. . . . . Mémoire.

Régist aussy en recepte ny despence, l'arrest de la Cour des Monnoyes, de la reception en ladicte Cour dudict feu Blaru audict office de tailleur particulier héréditaire de ladicte Monnoye de Paris, inventoriée audict inventaire, sous la cotte *quatre*. Partant, cy pour. . . . . . Mémoire.

Comme aussy régist en recepte le contract de constitution de cinquante livres de rente inventoriée audict inventaire, soubz la cotte *cinq*, passée par ledict deffunct Blaru et ladicte Claude Richard, à présent sa veufve, au proffit de Marie Beaucousin, veufve de feu honorable homme Jean François, vivant, marchant, bourgeois, de Paris, par devant Vassetz (?) et Belin, notaires audict Chastelet, le vingt-quatriesme juillet mil six cens quarante, attendu que ladicte rente a esté racheptée et les arrérages qui en estoient deubz payez auparavant ledict inventaire, ainsy qu'il appert par la quittance dudit rachapt, en datte du dix-neufiesme octobre mil six cens quarente-sept. Partant, cy. Néant.

Semblablement régist en recepte l'acte de tutelle desdicts enfans mineurs, inventoriée audict inventaire, soubz la cotte *six*, mais en despence, pour la part dudict Claude Blaru, l'aisné, des frais dudict acte. Cy, quant à présent, pour. . . . . Mémoire.

Régist pareillement en recepte la sentence du Chastelet du dixiesme juillet mil six cens quarente-sept, cy-devant mentionnée et inventoriée audict inventaire, soubz la cotte *sept*, par laquelle, de l'advis des parens et amys desdicts enfans, il est dict que ladicte veufve pourra passer procuration *ad resinandum* dudict office de tailleur particulier de la Monnoye, au proffit dudict François Blaru, l'un desdicts oyans, ainsy qu'il est plus au long cy-devant mentionné et qu'il est porté par ledict inventaire, soubz ladicte cotte *sept*, mais gist en despence pour les partz desdictz oyans. Cy, quant à présent, pour . . . . Mémoire.

Régissent en recepte ny despence, les pièces inventoriées audict inventaire, soubz la cotte *huict*, qui sont pièces pour parvenir aux provisions dudict office de tailleur particulier, soubz le nom dudict François Blaru, avec lesdictes lettres de provision dattées du vingt-deuxiesme [1] janvier mil six cens quarente-huict, attendu que lesdicts frais ont esté faictz des deniers de ladite communaulté, auparavant ledit inventaire. Partant, cy. . . . . Néant.

Régist aussy en recepte l'acte de recognaissance faicte par ledit François Blaru par devant lesdits Belin et Girault, notaires, le neufiesme juillet mil six cens quarente-sept, portant que ce qu'il sera pourveu et receu audit office de tailleur particulier de ladite Monnoye n'est que pour le conserver à ladite rendante, sa mère, à luy et à ses aultres frères et sœurs ; des gaiges et droictz duquel office il auroit promis laisser jouir sadite mère, n'y prétendant que sa part ; ledit acte inventorié audit inventaire, soubz la cotte *neuf*, représenté. Partant, cy. . . . . Néant.

Régist en recepte ny despence, la quittance signée : Pierret (?), de la

---

[1] La date de ces lettres patentes, donnée plus haut, est le **28 janvier**.

somme de mil livres payée par ledit deffunct Blaru, pour jouir en hérédité de cent livres d'augmentation de gaiges, inventoriée par ledit inventaire, soubz la cotte *dix,* représenté. Partant, cy pour . . . Mémoire.

Régissent eu recepte ny despence, les trois quittances inventoriées audit inventaire soubz la cotte *unze,* la première de quatorze livres trois solz deux deniers; la seconde, de quarante-deux livres neuf solz six deniers et la troisiesme de pareilz quatorze livres trois solz deux deniers, payées par ladite veuve soubz le nom dudit François Blaru, l'un des oyans, tant pour le droict annuel dudit office que aultres taxes; lesdites quittances représentées, attendu que les deniers contenus èsdites quittances ont esté payées des deniers de ladite communaulté, auparavant ledit inventaire. Pour cecy. . . . . Néant.

Régissent aussy en recepte ny despence, les deux quittances signées : Jeanne Guillet, montans ensemble à cent livres, pour deux années d'arrérages de neuf cens livres, inventoriées audit inventaire, soubz la cotte *douze,* représenté, attendu que ladite somme a esté payée des deniers de ladite communaulté avant ledit inventaire. Partant, cy. . . . . . Néant.

Régissent pareillement en recepte ny despence, les deux quittances signées : Marie Beaucousin, montans ensemble à cinquante livres, pour une année d'arrérages de pareille somme de cinquante livres de rente, à ladite Marie Beaucousin deubz par ladite rendante et ses enfans, inventoriées audit inventaire soubz la cotte *treize,* représenté, attendu que ladite somme a esté payée des deniers de ladite communaulté avant ledit inventaire. Cy. . . . . Néant.

Régist en recepte le mémoire des partyes du luminaire fourny à l'enterement dudit deffunct Blaru, ny la quittance estant en fin d'icelluy, faicte à ladicte rendante par Germain Caillot, marchant espicier, de la somme de trente-six livres, pour le contenu audit mémoire, le tout inventorié audit inventaire, soubz la cotte *quatorze,* représenté, mais en despence, pour les partz et portions desdits oyans. Cy, quant à présent, pour. . . . . Mémoire.

Régist en recepte ny despence le mémoire de partye des médicamens fournys audit feu Blaru par Anthoine Raguier, marchant appoticaire, durant la malladye dont il est déceddé ny la quittance estant en fin d'icelluy, de la somme de vingt livres, à luy payée par ladite rendante, pour lesdits médicamens, le tout inventorié audit inventaire, soubz la cotte *quinze,* et représenté, attendu que ladite somme a esté payée des deniers de ladite communaulté, avant ledit inventaire. Cy. . . . . Néant.

Régist aussy en recepte le mémoire de partye des choses fournyes par Jacques Piget, le jeune, juré-crieur à Paris, pour le convoy, service et enterrement dudit deffunct Blaru, ny la quittance dudit Piget, estant en

fin d'icelluy mémoire, partye de la somme de cent livres à luy payée par ladite veufve pour le contenu èsdites partyes, le tout inventorié audit inventaire, soubz la cotte *seize*, représenté, mais aussy en despence, pour les partz et portions desdits oyans. Cy, quant à présent, pour . . . .
Mémoire.

Régist aussy en recepte les trois mémoires, l'un des éclésiastiques, pour assisté à l'enterrement dudit feu Blaru, l'autre, pour la sonnerye et paynes des sonneurs et port du benestier, et l'aultre, pour l'œuvre de l'église Saint-Germain-de-l'Auxerois, du convoy dudit deffunct; en fin de chacun desquelz mémoires sont les quittances du contenu en iceulx, montans ensemblement à soixante quinze livres dix solz, représenté et inventorié audit inventaire, soubz la cotte *dix-sept*, mais gist en despence, pour les partz et portions desdits oyans. Cy, quant à présent, pour . . . .
Mémoire.

Régist pareillement en recepte la quittance signée : Mathé, fossoyeur et receveur des droictz d'ouverture de terre au cimetière des Sainctz-Innocens, de la somme de neuf livres payez par ladite veuve audit Mathé, pour les causes y contenues, inventoriée audit inventaire, soubz la cotte *dix-huict*, représenté mais en despence, pour les partz et portions desdits oyans. Cy, quant à présent, pour. . . . . Mémoire.

Régist aussy en recepte ny despence, la quittance signée : Bertrand, m^e menuisier à Paris, de la somme de trente-six livres à luy payée par ladite veufve, pour ouvrages de menuiserye par luy faictz en sa boutique, inventoriée audit inventaire, soubz la cotte *dix-neuf*, représentée, attendu que ladite somme a esté payée des deniers de ladite communaulté, avant ledit inventaire. Cy. . . . . Néant.

Régist aussy en recepte ny despence, la quittance signée : Hac, de la somme de quarente-trois livres, par luy receue de ladite veuve, pour un muid et demy de vin, qu'il avoit vendu et livré audit deffunct Blaru dès le mois de novembre mil six cens quarente-six, inventoriée audit inventaire, soubz la cotte *vingt*, représenté, attendu que ladite somme a esté payée des deniers de ladite communaulté avant ledit inventaire. Cy . . . . .
Néant.

Régist aussy en recepte ny despence un petit livre relié en parchemin dans lequel sont escriptes plusieurs quittances signés, les unes : veufve Piget, aultre : Louise Thierement et aultres : Christophe Josse, touttes pour loyers d'une boutique que ledit deffunct Blaru tenoit à loyer; la dernière du dixiesme octobre mil six cens quarente-huict, signée : Christophe Josse, de la somme de soixante-cinq livres, par ledit Josse receus de ladite rendante pour un terme escheu au jour Sainct-Remy, lors dernier, inventoriée audit inventaire, soubz la cotte *vingt-un*, cy représenté, attendu que ladite somme a esté payée des deniers de ladite communaulté, avant ledit inventaire. Cy . . . . Néant.

Régist aussy en recepte ny despence, un aultre petit livre couvert en parchemin, dans lequel sont plusieurs quittances d'arrérages de rente, signées en fin : Barberet, dont les trois dernières faictes par ledit Barberet à ladite veufve, rendante, montent ensemblement à la somme de cent vingt-cinq livres, pour deux années et demye d'arrérages eschues le dernier décembre mil six cens quarente-huict ; ledict livre inventorié audict inventaire, soubz la cotte *vingt-deux*, représenté, attendu que ladicte somme a esté payée des deniers de ladicte communaulté, avant ledict inventaire. Cy . . . . Néant.

Régist pareillement en recepte un mémoire de partyes des estoffes fournies par les sieurs Thevenet et Savoye, drappiers, pour le devis dudit deffunct Blaru, ny la quittance estant en fin d'icelle, du vingt-septiesme mars mil six cens quarente-sept, signée desdits Thevenet et Savoye, de la somme de trois cens une livres, par eux receue de ladite rendante pour le contenu èsdites partyes ; le tout inventorié audit inventaire, soubz la cotte *vingt-trois,* représenté, mais gist en despences pour ce qui en est deub par lesdits oyans. Partant, cy quant à présent, pour. . Mémoire.

Régist semblablement en recepte ny despence, une quittance signée : Levesque, mᶜ chirurgien à Paris, du vingt-cinquiesme febvrier audit an mil six cens quarente-sept, de la somme de vingt-cinq livres, par ledit Levesque receue de ladite rendante pour avoir soigné et pensé ledit deffunct Blaru, de la malladye dont il est déceddé, ladite quittance inventoriée audit inventaire, soubz la cotte *vingt-quatre,* attendu que ladite somme a esté payée des deniers de ladite communaulté, avant ledit inventaire. Cy . . . . Néant.

Régist aussy en recepte ny despence une obligation en datte du premier aoust mil six cens quarente-six, passée par lesdits deffunct Blaru et Claude Richard, sa femme, sollidairement à Paul Dauvilliers, mᵉ graveur à Paris, de la somme de deux cens livres, ny la quittance estant en fin d'icelle, passée par ledit Dauvilliers à ladite rendante, tant en son nom que pour les enfans dudit deffunct et d'elle, de la somme de deux cens livres, le seizeiesme juin audit an mil six cens quarente-sept, le tout inventorié audit inventaire, soubz la cotte *vingt-cinq,* représenté, attendu que ladite somme a esté payée des deniers de la communaulté, avant ledit inventaire. Cy . . . . Néant.

Régist aussy en recepte une quittance du dix-neufiesme avril mil six cens quarente-sept, par laquelle appert Guillaume Noras, mᵉ tailleur d'habitz à Paris, avoir receu de ladite veufve, rendante, tutrice de ses enfans, la somme de trente-six livres pour ouvrages par luy faictz, tant en façon qu'en fournitures, inventoriée audit inventaire, soubz la cotte *vingt-six,* mais en despence, pour les partz et portions dont en sont tenus esdits oyans. Cy, quant à présent, pour. . . . . Mémoire.

Régist aussy en recepte une quittance dattée de l'an mil six cens quarente-sept, signée : Jean Tiret, m° tailleur d'habictz pour femme, par laquelle ledit Tiret confesse avoir receu de ladite rendante la somme de vingt-une livres pour façon d'habitz de deuil et fournitures, inventoriée audit inventaire, soubz la cotte *vingt-sept,* attendu que lesdits habitz estoient pour l'usage de ladite rendante, mais gist en despence, pour les partz et portions dont en sont tenus lesdits oyans. Partant, cy quant à présent, pour. . . . . Mémoire.

Régist en recepte le mémoire de la despence faicte pour la réception des deux filz dudict deffunct et de ladicte rendante, qui sont lesdicts François et Claude Blaru, l'aisné, signée : Claude Richard, par lequel appert ladite rendante avoir desbourcé pour la réception, maistrise et fraiz des festins desdits enfans, la somme de deux cens trois livres ; ledict mémoire inventorié audict inventaire, soubz la cotte *vingt-huict,* représenté, mais gist en despence, pour toutte ladicte somme, pour lesdicts François et Claude Blaru, l'aisné, ayant ladicte somme esté desbourcée pour eux. Cy, quant à présent, pour. . . . . Mémoire.

Régist aussy en recepte une promesse du unzeiesme jour d'avril mil six cens quarente-neuf, signée : Claude Blaru, par laquelle ledit Claude Blaru confesse debvoir à sa mère six cens livres, qui consent luy estre desduictz sur ce qui luy appartient de feu son père ; ladicte promesse inventoriée audit inventaire, soubz la cotte *vingt-neuf* et dernière, représentée, mais gist en despence pour ledit Claude Blaru, l'aisné, l'un des oyans. Cy, quant à présent, pour. . . . . Mémoire.

Régissent en recepte la déclaration faicte par ladite rendante, que ledit François Blaru, son filz aisné, l'un des oyans, luy doibt la somme de six cens livres qu'elle luy a fournye pour plusieurs ses affaires particulières, ny le soustenement faict par ledit François Blaru au contraire de ladite déclaration faicte par ladite rendante, qui auroit percisté en icelle ; le tout en fin dudit inventaire, mais gist en despence pour ledit François Blaru. Cy, quant à présent, pour. . . . . Mémoire.

Somme des chapitres de recepte. . V^cXXXII livres II sols III deniers.

Autre chapitre de recepte que faict ladicte rendante, à cause des gaiges attribuez audict office de tailleur particulier de la Monnoye de Paris.

Item, faict ladite rendante recepte ausdits oyans, de la somme de quarente-trois livres dix-neuf solz, faisant le quart ausdits oyans, appartenant en la totalle somme de cent soixante-quinze livres seize solz, par icelle rendante receue pour deux années trois mois de gaiges attribuez audit office de tailleur particulier de la Monnoye de Paris, eschus le dernier jour de juillet dernier passé, à raison de soixante-dix-huict livres deux solz huict deniers par an. Partant, cy. . .   XLIII livres XIX sols.

Somme de ce chapitre. . . . .   XLIII livres XIX sols.

Autre chapitre de recepte, à cause des droictz appartenans audict office.

Item, faict ladicte rendante recepte de la somme de quatre mil six cens trente-cinq livres treize solz quatre deniers, faisant un quart appartenant ausdicts oyans, en la somme totalle de dix-huict mil cinq cens quarente-deux livres treize solz six deniers, par ladicte rendante receue pendant lesdictes deux années trois mois, escheuz ledict dernier jour de juillet dernier, pour les droictz de ferrage appartenant audict office. Partant, cy,

IIII^mVI^c XXXV livres XIII sols IIII deniers.

Somme de ce chapitre. . .   IIII^m VI^c XXXV livres XIII sols IIII deniers.

Autre chapitre de recepte, à cause des loyers de partie de la maison deppendant dudit office de tailleur particulier de la Monnoye et affectée à icelluy.

Item, faict ladite rendante recepte de la somme de cent cinquante-neuf livres sept solz six deniers, faisant aussy un quart appartenant ausdits oyans, en la somme de six cens trente-sept livres dix solz, par ladite rendante receue du sieur Maugart (?), pour un an et cinq mois escheuz le dernier jour de septembre mil six cens cinquante, à cause du loyer des lieux qu'il occupoit audit tiltre, faisant partye de ladite maison affectée audit office de tailleur particulier de ladite Monnoye, scize dans l'hostel d'icelle Monnoye, à raison de quatre cens cinquante livres par an. Partant, cy,

CLIX livres VII sols VI deniers.

Item, faict ladite rendante recepte de la somme de quarente-trois livres quinze solz, faisant le quart appartenant ausdits oyans en la somme de cent soixante-quinze livres, par ladite rendante receue du sieur Phenix, pour sept mois escheuz le dernier juillet dernier, à cause du loyer des lieux qu'il tenoit, deppendans de la susdite maison, à raison des trois cens livres par an ; lesdits lieux n'ayans esté louez pendant le dernier terme de l'année mil six cens cinquante. Partant, cy. . . . .   XLIII livres XV sols.

Item, faict ladite rendante recepte de la somme de cent cinq solz tournois, faisant le quart appartenant ausdits oyans, en la somme de vingt-une livres, par ladite rendante receue du sieur Pierre Chaumel, frippier, pour sept mois escheuz ledit dernier juillet dernier, à cause du loyer des deux chantiers que ledit Chaumel a tenus pendant ledit temps, deppendans de ladite maison, à raison de trente-six livres par an. Partant.   CV sols.

Et à l'esgard du surplus du logement de ladite maison, ladite rendante ne fera aucune recepte du loyer d'icelluy, attendu qu'il sert à faire le travail dudit office de tailleur particulier de ladite Monnoye. Cy, seullement, pour. . . . . Mémoire.

Somme de ce chapitre. . . . . IIᶜ VIII livres VII sols VI deniers.

Despence commune que faict ladite rendante ausdits François, Claude Blaru, l'aisné, Mignot et sa femme, oyans.

Premièrement, de la somme de dix livres dix-sept solz six deniers, faisant le quart dont lesdits oyans sont tenus de la somme de quarente-trois livres dix solz, payez tant aux notaires qui ont faict ledit inventaire et vaccations d'icelluy, que pour l'acte de closture dudit inventaire; un aultre quart estant à payer par lesdits Jean Blaru, Claude Blaru, le jeune, et Margueritte Blaru, mineurs, et l'aultre moyctié estant aportée par ladite rendante. Cy. . . . . X livres XVII sols VI deniers.

De vingt-cinq solz tournois faisant le quart dont lesdits oyans sont tenus, de la somme de cent solz tournois, payez par ladite rendante à... Lhermitte, sergent-priseur-vendeur, qui a faict la prisée des meubles contenus audit inventaire; l'aultre quart estant à porter par lesdits trois mineurs et l'aultre moictyé par ladite veufve, rendante. Cy. . . XXV sols.

De la somme de deux cens vingt-neuf livres treize solz neuf deniers, faisant le quart dont lesdits oyans sont tenus, de la somme de neuf cens dix-huict livres quinze solz, par ladite rendante payée, tant en son nom que comme tutrice des enfans dudit deffunct et d'elle, à Jean Barberet, mᵉ orloger à Paris, aussy tant en son nom que comme tuteur des enfans mineurs de luy et de feu Catherine Anessier, sa femme; savoir, neuf cens livres pour le rachapt et admortissement de cinquante livres tournois de rente, qui restoient à rachapter de cent cinquante livres tournois de rente, par lesdits deffunct Blaru et sa femme, rendante, constituez audit Barberet, par contract passé par devant Sadron et Dupuys, notaires audit Chastelet, le vingt-quatriesme novembre mil six cens trente-six, et dix-huict livres quinze solz pour les arrérages qui restoient deubz desdits cinquante livres tournois de rente et fraiz dudit rachapt, ainsy qu'il appert par la quittance d'icelluy rachapt desdites cinquante livres tournois de rente, passée par devant Leboucher et ledit Dupuys, notaires, le dix-septiesme may mil six cens quarente-neuf, estant en marge dudit contract de constitution cy exibée; les aultres cent livres de rente ayant esté racheptez par ledit deffunct Blaru de son vivant, par aultre quittance estant aussy au marge dudit contract de constitution.

Pour cecy. . . . . IIᶜXXIX livres XIII sols IX deniers.

De la somme de deux cens vingt-neuf livres trois solz quatre deniers faisant le quart dont lesdits oyans sont tenus de la somme de neuf cens seize livres seize solz quatre deniers, savoir, neuf cens livres pour le rachapt et admortissement des cinquante livres tournois de rente, qui estoient deubz à Jeanne Guillot et à elle constituez par lesdits deffunct Blaru et ladite rendante, à présent sa veufve, par escript, soubz leurs seings privez, du quatriesme juin mil six cens quarente-six, recogneu par acte passé par devant Dupuys et Destrechy, notaires au Chastelet de Paris, le vingt-ungniesme jour de janvier mil six cens quarente-sept, et seize livres treize solz quatre deniers, pour les arrérages qui en estoient deubz, tout ainsy qu'il est porté par la quittance estant en suitte dudit escript et recognoissance passée par devant Corrozet et Girault, l'un des notaires soubzsignez, le vingt-huictiesme jour de febvrier dernier passé. Pour cecy. . . . . IIᶜXXIX livres III sols IIII deniers.

De la somme de soixante-quinze livres afférant à payer par lesdits oyans à ladite rendante et faisant le quart de la somme de trois cens livres de propre, à elle accordé par ledit deffunct, son mary, par le contract de leur mariage, cy exibé et inventorié audit inventaire, soubz la cotte *un*. Pour cecy. . . . . LXXV livres.

De la somme de dix-huict livres quinze solz tournois, pour les proffitz de ladite somme de soixante-quinze livres, à elle deubz depuis le jour du décèdz dudit deffunct, jusques au dernier juillet dernier passé. Pour cecy . . . . XVIII livres XV sols.

De la somme de cent cinquante livres, faisant moictyé dont lesdits oyans sont tenus, de la somme de trois cens livres, qu'il convient à ladite veufve, pour le douaire prefix, à elle constitué par ledit deffunct Blaru, son mary, par leurdit contract de mariage et qui est par elle opté, ainsy qu'il luy est permis par icelluy, sans préjudice, ausdits oyans, du retour de leurs partz et portions d'icelluy douaire, après le décèdz de ladite veufve, leur mère. Partant, cy. . . . . CL livres.

De la somme de trente-sept livres dix solz tournois, dont lesdits oyans sont tenus pour les proffitz de ladite somme de cent cinquante livres, faisant moictyé dudit douaire, à elle deub depuis le décèdz dudit deffunct, jusques audit jour, dernier juillet dernier passé. Pour cecy. . . . . XXXVII livres X sols.

Pour le regard du préciput de deux cens livres, stipulez par ledit contract de mariage, il n'en sera faict despence parce que ladite veufve, rendante, a pris et retenu des meubles contenus audit inventaire, pour la valleur dudit préciput, ainsy qu'il est cy-devant dict. Partant, cy, pour. . . . . Mémoire.

Mais faict, ladite rendante, despence de la somme de trois livres dix solz, pour le quart afférant à payer par lesdits oyans, de la somme de quatorze livres, par elle payez pour les fraiz de l'advis des parens de sesdits enfans et sentence sur ce intervenue, inventorié audit inventaire, soubz la cotte *sept*, par laquelle lesdits parens ont esté d'advis que ladite veufve, rendante, pourroit passer procuration *ad resignandum,* dudit office de tailleur particulier de la Monnoye de Paris, en faveur dudit François Blaru, l'un des oyans, et le faire recepvoir en icelluy, ainsy qu'il est cy-devant dict, aux conditions portées par ledit advis et sentence cy représentés. Pour cecy. . . . . III livres X sols.

De la somme de cinquante-neuf livres cinq solz, faisant le quart dont lesdits oyans sont tenus, de la somme de deux cens trente-sept livres desbourcez par ladite rendante soubz le nom dudit François Blaru, tant pour l'acte de démission par elle faicte dudit office de tailleur particulier de la Monnoye de Paris, déclaration par lui faicte pour raison de ce au proffict d'icelle rendante, sa mère, et de ses aultres frères et sœurs, payement du huictiesme denier, marc d'or, controolle des quittance que provisions dudit office obtenues soubz le nom dudit François Blaru, pour le conserver soubz sondit nom à icelle rendante et à sesdits frères et sœurs ; un aultre quart de ladite somme de deux cens trente-sept livres estant à payer par lesdits trois aultres enfans mineurs et l'aultre moictyé au total de ladite somme de deux cens trente-sept livres, par ladite rendante, à cause de la moictyé dudit office à elle appartenant ; les pièces faisans mention de ce inventoriées audit inventaire, soubz la cotte *huict,* cy représenté. Pour cecy. . . . . LIX livres V sols.

De la somme de soixante-quinze livres cinq solz, pour le quart dont lesdits oyans sont tenus, de la somme de trois cens une livres, par ladicte rendante payée aux sieurs Thevenet et Savoye, marchans drapiers, pour les estoffes par eux fournyes pour le deuil dudit deffunct Blaru, ainsy qu'il appert par la quittance desdits Thevenet et Savoye, inventoriée audit inventaire, soubz la cotte *vingt-trois,* cy représenté.

Pour cecy. . . . . LXXV livres V sols.

De la somme de douze livres unze solz six deniers, faisant moictyé dont lesdits oyans sont tenus, de la somme de vingt-cinq livres trois solz, par ladite rendante payée pour les petites ... de deuil dudict deffunct, ainsy qu'il appert par la quittance [des] veufve Poupart et Pinguet, estant en fin du mémoire des partyes dudit deuil, du vingtiesme febvrier mil six cens quarente-neuf, cy représenté. Cy . . XII livres XI sols VI deniers.

Somme de ce chapitre. . . . . IXᶜII livres XVI sols I denier.

Aultre chapitre de despence commune ausdits oyans, pour raison des frais faictz par ladite rendante pour le travail faict à cause dudit office de tailleur particulier de ladite Monnoye de Paris, depuis le premier jour de may mil six cens quarente-neuf, jusques au dernier juillet mil six cens cinquante-un, qui sont deux années trois mois.

Premièrement, de la somme de huict cens soixante-six livres cinq solz, pour le quart dont lesdits oyans sont tenus, de la somme de trois mil quatre cens soixante-cinq livres, payées à Abraam Berthe (ou Borthe), forgeur, pour la fourniture par luy faicte pendant le susdit temps des carrez nécessaires pour ladite Monnoye de Paris.

Pour cecy. . . . . VIII^cLXVI livres V sols.

De la somme de cent cinq livres quinze sols, pour le quart dont lesdits oyans sont tenus, de la somme de quatre cens vingt-trois livres, par ladite rendante payée à Leger Comloy, taillandier, pour avoir frappé lesdits carrez pendant le susdit temps. Pour cecy. . CV livres XV sols.

De la somme de trente livres dix solz trois deniers, faisant le quart dont lesdits oyans sont tenus, de la somme de cent vingt-deux livres un solz, par ladite rendante payée, tant à des monnoyers pour avoir polly lesdits carrez, que pour les estrenner, payne aux officiers et monnoyeurs de ladicte Monnoye. Pour cecy. . . XXX livres X sols III deniers.

De la somme de deux cens une livres, pour le quart dont lesdits oyans sont tenus, de la somme de huict cens quatre livres, par ladite rendante payée ausdits François et Claude Blaru, l'aisné, pour avoir pendant le susdit temps gravé lesdits carrez. Pour cecy. . . . . II^cI livres.

De la somme de soixante livres dix solz, faisant le quart dont lesdits oyans sont tenus, de la somme de deux cens quarante-deux livres, payée par ladite rendante, au sieur Racle, sur le droict de ferrage, dont cy-devant est faict recepte et ce, pour touttes les pièces couppées et cizaillées depuis le mois d'octobre, icelluy compris, jusques audit dernier juillet, an présent, mil six cens cinquante-un.

Pour cecy. . . . . LX livres X sols.

Somme de ce chapitre. . . . . XII^cLXIIII livres III deniers.

Autre chapitre de despence que faict ladite rendante ausdits oyans, à cause des réparations qu'il a convenu faire en ladite maison deppendante dudit office, scize dans l'hostel de la Monnoye de Paris.

Faict ladite rendante despence ausdits oyans, de la somme de quatre-vingts-trois livres quinze solz, faisant le quart dont ilz sont tenus, de la somme de trois cens trente-cinq livres, par ladite rendante payée aux maçon, menuisier, serrurier, vitrier et aultres ouvriers qui ont travaillé aux réparations nécessaires à faire en ladite maison, suivant qu'il est porté par le pappier journal de ladite rendante, cy exibé.

Pour cecy. . . . . IIII^{xx}III livres XV sols.

Somme de ce chapitre. . . . . IIII^{xx}III livres XV sols.

Autre chapitre de despence que faict ladite rendante ausdits oyans, des fraiz par elle faictz contre les héritiers du feu sieur Maugaret, pour avoir payement des loyers par lui deubz.

Faict ladite rendante despence ausdits oyans, de la somme de huict livres sept solz six deniers, faisant le quart dont iceulx oyans sont tenus, de la somme de trente-trois livres dix solz, par ladite rendante frayez, payez et desbourcez, aux poursuittes, par elles faictes, contre les héritiers dudit feu sieur Maugaret, pour avoir payement des loyers qui estoient par luy deubz, à cause des lieux qu'il occuppoit cy-devant, en ladite maison deppendant dudict office de tailleur particulier de la Monnoye de Paris. Pour cecy. . . . . VIII livres VII sols VI deniers.

Somme de ce chapitre. . . . . VIII livres VII sols VI deniers.

Autre chapitre de despence des deniers payés pour le luminaire, service, bout de l'an et frais funéraires dudit deffunct Blaru, dont lesdits oyans sont tenus pour moictyé.

Premièrement, faict, ladite rendante, despence de la somme de seize livres, faisant moictyé dont lesdits oyans sont tenus, de la somme de trente-deux livres, payée par ladite rendante à Germain Caillet, marchant espicier, pour le luminaire par luy fourny à l'entherrement dudit deffunct Blaru, ainsy qu'il appert par la quittance estant en fin du mémoire de partyes dudict luminaire, inventoriée audit inventaire soubz la cotte *quatorze,* l'aultre moictyé de ladite somme de trente-deux livres estant à porter par lesdits trois aultres enfants mineurs, frères et sœur desdits oyans. Pour cecy. . . . . XVI livres.

De la somme de cinquante livres, pour la moictyé dont lesdits oyans sont tenus, de la somme de cent livres, par ladite rendante payée à Jacques Piget, le jeune, juré-crieur à Paris, pour les choses par luy fournyes au service et enterrement dudit deffunct Blaru, ainsy qu'il appert par sa quittance estant en fin du mémoire des partyes desdites choses par luy fournyes, inventoriée audit inventaire, soubz la cotte *seize,* représenté ; l'aultre moictyé desdites cent livres estant à payer par lesdits trois aultres enfans mineurs. Pour cecy. . . . . L livres.

De la somme de trente-sept livres quinze solz, pour la moictyé dont lesdits oyans sont tenus, de la somme de soixante-quinze livres dix solz, payées par ladicte rendante, savoir : au sieur Rongemaille, prebstre habitué en l'église Sainct-Germain-de-l'Auxerrois, commis pour le soing des convois, cinquante livres ; au sieur Tomas, clerc, marguillier au cœur dudit Sainct-Germain-de-l'Auxerrois, sept livres dix solz, et au sieur Anthoine Thorel, prebstre et clerc de l'œuvre et fabrique de ladite église, dix-huict livres ; le tout, pour fraiz de convoy et enterrement dudit deffunct Blaru, ainsi qu'il appert par les quittances des dessus nommés, inventoriée audit inventaire, soubz la cotte *dix-sept.*

Pour cecy. . . . . XXXVII livres XV sols.

De la somme de quatre livres dix sols, pour la moictyé dont lesdits oyans sont tenus, de la somme de neuf livres, payez par ladite rendante au nommé Mathé, fossoyeur et receveur des droictz d'ouverture de terre au cimetière des Sainctz-Innoceans, où a esté enterré ledit deffunct, ainsy qu'il appert par la quittance dudit Mathé, inventoriée audit inventaire, soubz la cotte *dix-huict,* représenté. Pour cecy. . . . . . .

IIII livres X sols.

De la somme de trois livres fournis pour la moictyé dont lesdits oyans sont tenus, de la somme de six livres tournois, payez par ladite rendante pour le service du bout de l'an dudit deffunct Blaru.

Pour cecy. . . . . III livres.

Somme de ce chapitre. . . . . : . CXI livres V sols.

Autre chapitre de despence particulière que faict ladite rendante ausdits François et Claude Blaru, l'aisné, pour leurs maistrises et frais de festins faicts à leurs receptions de m^es graveurs à Paris.

Faict ladite rendante despence particulière ausdits François et Claude Blaru, l'aisné, de la somme de deux cens trois livres, pour eux par elle desbourcez, pour les faire recevoir m^es graveurs à Paris, et pour les frais des festins qu'il a convenu faire à cette fin, qui est pour chacun d'eulx, cent une livres dix solz. Pour cecy. . . . . II^cIII livres.

Somme de ce chapitre. . . . . II^cIII livres.

Autre chapitre de despence particulière que faict ladite rendante audit Claude Blaru, l'aisné, l'un des oyans, à cause des frais de la tutelle de luy et ses autres fréres et sœur mineurs.

Premièrement, de cinq solz, faisant un quart, dont ledit Claude Blaru, l'aisné, est tenu, de vingt solz tournois, payez par ladite rendante au procureur qui a adressé la requeste aux fins de faire appeller les parens desdits enfans, lors mineurs, pour donner leurs advis sur l'eslection d'un tuteur et subrogé. Pour cecy. . . . . V sols.

De sept solz six deniers, faisant le quart dont ledit Claude Blaru est tenu de trente solz tournois, payez au sergent qui a signifyé ladite requeste et donné assignation ausdits parens. Pour cecy . . . .

VII sols VI deniers.

De quarente sols tournois, faisant le quart dont ledit Claude Blaru, l'aisné, est tenu, de la somme de huict livres tournois, payez par ladite rendante, pour la sentence par laquelle elle a esté esleue tutrice desdits enfans mineurs, espices et façon de ladite sentence, inventoriée audit inventaire, soubz la cotte *six*. Pour cecy. . . . . XL sols.

Somme de ce chapitre particulier. . . . . LII sols VI deniers.

Aultre chapitre de despence particulière que faict ladite rendante audict François Blaru, l'un desdits oyans, tant pour ses pentions et nouriturre, que deniers à luy baillez et payez en son acquict, depuis ledit jour, vingt-septiesme avril mil six cens quarente-neuf, jour de la closture dudit inventaire, jusques audit dernier juillet, an présent, mil six cens cinquante-un.

Premièrement, de la somme de six cens soixante-quinze livres, pour deux années trois mois de la pention et nouriturre dudit François Blaru, à raison de trois cens livres par an. Pour cecy. . . . VIᶜLXXV livres.

De la somme de neuf cens soixante-une livres cinq solz, par ladite rendante fournye audit François Blaru, pour plusieurs ses affaires particulières et deniers payez en son acquict et descharge, dont il a recogneu les mémoires représentez. Pour cecy. . . . . IXᶜLXI livres V sols.

Somme de ce chapitre. . . . . XVIᶜXXXVI livres V sols.

Aultre chapitre de despence particulière, que faict ladite rendante audit Claude Blaru, l'aisné, l'un desdits oyans, tant pour ses pentions et nouriturre que pour argent à luy baillé pour ses affaires particulières, depuis ledit jour, vingt-septiesme avril mil six cens quarente-neuf, jour de la closture dudit inventaire, jusques audit dernier juillet de la présente année mil six cens cinquante-un.

Premièrement, de la somme de six cens soixante-quinze livres, pour deux années trois mois de la pention et nouriturre dudit Claude Blaru, l'aisné, à raison de trois cens livres par an. Pour cecy. . . . .
VIᶜLXXV livres.

De la somme de mil cinquante livres tournois, par ladite rendante baillée et fournye audit Claude Blaru, l'aisné, par acte passé par devant Corrozet et Girault, notaires audit Chastelet, le dix-huictiesme febvrier, an présent, mil six cens cinquante-un, dont il luy a promis tenir compte, ainsy qu'il est porté par ledit acte représenté. Pour cecy. . . . .
ML livres.

De la somme de quatre-vingz-quatre livres dix solz, par ladite rendante desbourcée, à la prière dudit Claude Blaru, l'aisné, pour un habit complet de camelot d'Hollande noir, à l'usage d'icelluy Claude Blaru. Pour cecy. . . . . IIIIˣˣIIII livres X sols.

De la somme de quatre-vingtz-deux livres huict solz, que ledit Claude Blaru, l'aisné, a pris dans le coffre de ladite rendante, le vingt-septiesme aoust dernier, en louis d'or et quelques monnoyes, à l'insceu d'icelle rendante, sa mère. Pour cecy. . . . . IIII^{xx}II livres VIII sols.

Somme de ce chapitre particulier. . . XVIII^{c}IIII^{xx}XI livres XVIII sols.

Ladite recepte commune ausdits François Blaru, Claude Blaru, l'aisné, Mignot et Marie Blaru, sa femme, monte à cinq mil quatre cens vingt livres deux solz, dont appartient à chacun desdits oyans un tiers, montant à dix-huict cens six livres quatorze solz deux deniers (*sic*).

La despence aussy commune ausdits François Blaru, Claude Blaru, l'aisné, Mignot et sa femme, monte à deux mil trois cens soixante-dix livres trois solz dix deniers tournois, qui est pour chacun desdits oyans, sept cens quatre-vingtz-dix livres un solz trois deniers.

De sorte que le tiers appartenant audit François Blaru en ladite recepte, monte, comme dict est, à dix-huict cens six livres quatorze solz deux deniers.

Le tiers dont ledit François Blaru est tenu de la despence commune, monte aussy, comme dict est, à sept cens quatre-vingtz-dix livres ung solz trois deniers.

La despence particulière desdits François et Claude Blaru, l'aisné, et commune entre eulx deulx, contenue au sixiesme chapitre de despence, monte à deux cens trois livres, qui est pour la moictyé dudit François Blaru, cent une livres dix solz.

L'aultre despence particulière d'icelluy François Blaru, contenue au huictiesme chapitre de despence du présent compte, monte à seize cens trente-six livres cinq solz.

Touttes lesquelles trois sommes de despence commune et particulière dudit François Blaru montent ensemble à deux mil cinq cens vingt-sept livres seize solz trois deniers.

Tellement que la despence tant commune que particulière dudit François Blaru, excedde son tiers de la recepte de la somme de sept cens vingt-une livres deux solz un denier, de laquelle somme ledit François Blaru est reliquataire envers ladite rendante, sa mère [1].

Comme au semblable le tiers appartenant audit Claude Blaru, l'aisné, en ladite recepte contenue au présent compte, monte à pareille somme de dix-huict cens six livres quatorze solz deux deniers.

Le tiers dont ledit Claude Blaru, l'aisné, est tenu de la despence commune, monte à pareille somme de sept cens quatre-vingtz-dix livres ung solz trois deniers.

La moictyé dont ledit Claude Blaru est tenu des deux cens trois livres

---

[1] En marge, le reçu donné par Claude Richard à François Blaru pour la somme de 721 liv. 2 s. 1 d.

contenues audict sixiesme chapitre de despence, monte à cent une livres dix solz.

La despence particulière dont ledit Claude Blaru, l'aisné, est seul tenu, mentionnée au septiesme chapitre de despence du présent compte, monte à cinquante-deux solz six deniers.

La despence particulière dudit Claude Blaru, l'aisné, contenue au neufiesme chapitre de despence du présent compte, monte à dix-huict cens quatre-vingtz-unze livres dix-huict solz.

Lesquelles quatre sommes de despence commune et particulière dudit Claude Blaru montent ensemble à la somme de deux mil sept cens quatre-vingtz-six livres un solz neuf deniers.

Tellement que la despence, tant commune que particulière, dudit Claude Blaru, l'aisné, excedde son tiers de la recepte, de la somme de neuf cens soixante-dix-neuf livres sept solz sept deniers, de laquelle somme ledit Claude Blaru, l'aisné, est reliquataire envers ladite rendante, sa mère [1].

Comme aussy le tiers appartenant ausdits Mignot et Marie Blaru, sa femme, en ladite recepte, monte à semblable somme de dix-huict cens six livres quatorze sols deux deniers.

Et le tiers dont lesdits Mignot et sa femme sont tenus de ladite despence commune monte à pareille somme des sept cens quatre-vingtz-dix livres un solz trois deniers.

Tellement qu'il seroit deub de reliqua ausdits Mignot et sa femme, par ladite rendante, la somme de mil seize livres douze solz unze deniers [2].

Et oultre est à savoir qu'il appartient ausdits François Blaru, Claude Blaru, l'aisné, et Marie Blaru, femme dudit Mignot, à chacun un sixiesme en la moictyé dudit office de tailleur particulier de la Monnoye de Paris, comme héritiers chacun, pour un pareil sixiesme, dudit deffunct Pierre Blaru, leur père.

Sans préjudice du rapport que lesdits Mignot et sa femme sont tenus faire à la succession dudit feu Pierre Blaru, leur père, de la somme de quinze cens livres faisant moictyé de trois mil livres, qui leur ont esté baillez en faveur du mariage par ledit deffunct Blaru et ladite rendante, sa femme, à présent sa veufve, ensemble des interestz desdites quinze cens livres, escheuz depuis le vingt-septiesme avril mil six cens quarente-neuf, jour de la closture dudit inventaire faict après le décèdz dudit deffunct Blaru, à raison du denier vingt; de laquelle somme de

<hr>

[1] En marge, le reçu donné par Claude Richard à Claude Blaru, l'aisné, pour la somme de 979 liv. 7 s. 7. d.

[2] En marge, reçu donné par Claude Mignot et sa femme à Claude Richard, pour la somme de 1016 liv. 12 s. 11 d.

quinze cens livres et interetz, il y en a ung sixiesme confus ès personnes desdits Mignot et Marie Blaru, sa femme, à cause d'elle [1].

Faict et arresté entre nous, susnommez, Claude Richard, veufve dudit deffunct Pierre Blaru, François Blaru, Claude Mignot et Marie Blaru, ma femme, attendu l'absence de cette ville dudit Claude Blaru, l'aisné, ce vingt-cinquiesme jour de novembre mil six cens cinquante-un.

Signé : Claude Richard, Blaru, Marie Blaru, Mignot.

(Signature de François Blaru)

(A la suite.) Aujourd'huy sont comparuz par devant les nottaires gardenottes du Roy, nostre sire, en son Chastelet de Paris, soubsignez, ladicte Claude Richard, veufve dudict deffunct Pierre Blaru, vivant, tailleur particulier de la Monnoye de Paris, y demeurante, dans ladicte Monnoye, parroisse Sainct-Germain-de-l'Auxerois ; ledict François Blaru, m^e graveur à Paris, y demeurant, dans ledict hostel de la Monnoye, dicte parroisse Sainct-Germain-de-l'Auxerois, avec ladicte veufve, sa mère, et lesdictz Claude Mignot, marchant, bourgeois de Paris, et Marie Blaru, sa femme, de luy aucthorizée pour l'effect des présentes, demeurans en cette dicte ville de Paris, rue de la Barillerye, parroisse Sainct-Berthelemy ; lesquelz ont dict, déclaré, recogneu et confessé avoir faict veoir et examiner en leur presence, par leurs amis et conseil, le compte cy-devant escript, avec touttes les pièces justificatifves d'icelluy et faict jecter et calculer ledict compte, qu'ilz ont trouvé et recogneu avoir esté exactement faict ; et, partant, sont demeurez d'accord dudict compte, ainsy qu'il est, tant en recepte qu'en despence commune et particulière et de l'arresté d'icelluy. Lequel compte et arresté contient vingt-un feuilletz, cestuy compris, et a esté icelluy compte signé desdicts veufve Blaru, François Blaru, Mignot et Marie Blaru, sa femme, lesquelz ont aussy paraphé chacun desdict feuilletz en fin des pages recto ; comme aussy à la requeste desdictes parties comparantes, lesdictz feuilletz ont esté paraphés par lesdicts nottaires soubsignez, promettant, lesdictes partyes, respectivement le tout entretenir et accomplir. Et sont touttes lesdictes pièces justificatifves dudict compte demeurées vers ladicte veufve Blaru.

---

[1] En marge, reçu donné par Claude Richard à Claude Mignot et à sa femme, pour la somme de 1390 liv. 10 s.

TABLEAU GÉNÉALOGIQUE DE LA FAMILLE DES BLARU[1].

Jean Blaru, orfèvre (1547).

Antoine Ier Blaru, orfèvre (XVIe siècle-1605).
Antoine II Blaru, né en 1581.

Jacques Blaru (1576), marié à Jacqueline Robineau.
Pierre Blaru.

Blaru, orfèvre à Bordeaux.

Blaru.

Balthazard Blaru, maître orfèvre, marié à Catherine Feucher.
Jean Blaru, orfèvre, marié à Marie Richard en 1634.

Pierre Blaru, tailleur particulier de la Monnaie de Paris (1637-1647), graveur du cabinet du Roi, marié à Claude Richard en 1617 (née en 1594, morte en 1675).

François, né 1620, tailleur de la Monnaie de Paris (1648-1656), marié à Nicole du Test (morte en 1716).
Jean III. François II.
Pierre Léonard.

Claude Ier, né en 1626.

Pierre Ier, né en 1626.

Pierre II, né en 1631.

Pierre III, né en 1633.

Jean-Baptiste, née en 1634.

Louise, née en 1636.

Marie, mariée à Claude Mignot.

Jean II (?)

Claude II, né en 1637.

Marguerite.

COUSINS

Jean de Laon, maître orfèvre.
Nicolas Balvet, maître orfèvre.
Jean Veret, orfèvre.
Jacques Veret, orfèvre.
Pierre Perlan, maître orfèvre.
Antoine Sellier, maître orfèvre.
Jean Marlot, maître chapelier.
Jean de Paris, maître plumassier, marié à Geneviève Palvet.
Guillaume Berthelot, sculpteur de la Reine-Mère, marié à Geneviève Veret.

[1] Nous mettons en italique les noms des Blaru cités par Jal, qui ne sont pas mentionnés dans nos deux documents. Nous n'avons pas fait figurer les de Blaru dans ce tableau.

Car ainsy promettans, obligeans chacun en droict soy, renonçant d'une part et d'aultre, etc.

Faict et passé à Paris, en l'estude de Girault, l'un desdicts nottaires soubsignez, l'an mil six cens cinquante-ung, le vingt-cinquiesme jour de novembre, après midy. Et ont touttes lesdictes partyes signé le présent acte, avec lesdicts nottaires soubsignez.

Signé : Claude RICHARD, Marie BLARU, BLARU,
MIGNOT, THOINANT (?), GIRAULT.

(A la suite se trouve une reconnaissance analogue, du 30 novembre 1652, signée Claude Blaru.)

A ce document sont jointes quatre quittances ; trois de Claude Richard, dont deux du 28 novembre 1651 et une du 30 novembre 1652, 1° de la somme de 721 livres 2 sols 1 denier, reçue de François Blaru ; 2° de la somme de 1390 livres 10 solz, reçue de Claude Mignot et de sa femme ; 3° de la somme de 979 livres 7 sols 7 deniers, reçue de Claude Blaru, et une quittance du 28 novembre 1651 de Claude Mignot et de sa femme, de la somme de 1016 livres 12 sols 11 deniers, reçue de Claude Richard.

PARIS. TYPOGRAPHIE DE E. PLON, NOURRIT ET Cⁱᵉ, 8, RUE GARANCIÈRE, — 752.

PARIS

TYPOGRAPHIE DE E. PLON, NOURRIT ET Cⁱᵉ

Rue Garancière, 8.

www.ingramcontent.com/pod-product-compliance
Lightning Source LLC
Chambersburg PA
CBHW051344060726
47596CB00004B/1763